Directora de la colección:
Mª José Gómez-Navarro

Equipo editorial:
Violante Krahe
Juan Nieto
Lupe Rodríguez

Dirección de arte:
Departamento de imagen y diseño

Diseño de la colección:
Manuel Estrada

1ª edición, 2ª impresión, julio 2003

Título original: *Frangulla*

Carretera de Madrid, km. 315,700
50012 Zaragoza
Teléfono: 913 344 883
www.edelvives.es

ISBN: 84-263-5002-X
Depósito legal: Z. 1645-03

Talleres Gráficos Edelvives (50012 Zaragoza)
Certificados ISO 9002
Printed in Spain

EDELVIVES

ALA DELTA

Peluso

Gloria Sánchez

Ilustraciones
Xan López Domínguez

1

Yo no viví siempre en la osera, no. Antes estuve en otra, más estrecha y calentita; era el vientre de Mamá-Nanuk.

Mis hermanos ya hacía tiempo que habían nacido. Primero lo hizo mi hermana y después mi hermano. Yo preferí quedarme porque me daba miedo salir y no saber con qué se puede encontrar uno. ¡Se estaba tan a gustito en la osera pequeña!

Pero una fuerza invisible me empujaba y, aunque al principio me resistí todo lo que pude, la fuerza me expulsó de muy malos modos, como cuando se echa a un intruso que molesta. ¡Qué le vamos a hacer!, pensé. Allá voy... Un escalofrío me recorrió las orejas y de primeras todo estaba tan oscuro como allí adentro. Por lo menos esperaba que alguien viniese a recibirme.

¡Sorpresaaa! ¡Ya estoy aquíííííííí...!

Mamá-Nanuk regruñó por lo bajinis:

—¡Vaya! Lo que faltaba.

Yo me quedé helado.

Ella no me esperaba. Sabía que estaba preñada de más de un cachorro porque notaba en su panza un meneo como de guijarros saltarines. Una cría se mueve de aquí para allá, pero cuando hay más de una, la madre siente sus hocicos golpear su tripa en dos direcciones: uno para arriba, otro

para abajo; uno hacia la izquierda, otro a la derecha. Algo así, más o menos. Por eso sabe que espera gemelos, que es lo habitual en los osos polares.

A mí no me esperaba porque no me sentía. Soy el más canijo de los tres y mis hermanos me tenían espachurrado entre los dos. O tal vez no quería sentirme. No sé. Ser tercero en una familia de osos es un problema; nacen muy escuchimizados y las madres sólo tienen leche y tetas para dos. Nadie me lo ha dicho, que yo sea un problema, pero yo lo sé.

Cuando anochece, mamá nos acoge entre sus patas y nos cuenta historias. A mí la que más me gusta es la de Tercero, el cuento de un osezno tan escuálido y pachucho que no consiguió llegar al mar. Se quedó tieso sobre la nieve, igual que un palo. Sus ojos se cerraron para siempre y su hocico se llenó de carámbanos.

Estaba muerto. Dice Mamá-Nanuk que cuando uno muere le atrapa el Sueño Largo, un sueño espeso que traspasa los sentidos sin herirlos. Allí se quedó Tercero, mientras su madre y sus hermanos continuaron el viaje hacia el mar. Pero ocurrió que entonces apareció la Osa-Madre, lo tomó entre sus brazos y le dio de mamar su leche mágica. Tercero revivió y creció sano y fuerte. Cuando llegó a viejo y cayó de nuevo en la red del Sueño Largo, se convirtió en el Gran Espíritu, guía de todos los osos polares, iluminándoles el camino y advirtiéndoles de los precipicios y barrancos peligrosos. El Gran Espíritu enciende el día. Todos sienten por él un gran respeto y admiración.

A mí me gusta escuchar el cuento de Tercero, pero a la vez me entristece. Yo no quiero ser un espíritu, un oso-*fantasmo*, despatarrado allá en lo alto, tan solo. Me hubiera gustado ser como mi hermano, Rugido-Del-Cielo, o también como mi hermana, Manojo-De-Nervios.

2

Mis dos hermanos tienen el pelaje blanco y esponjoso, igual que los copos cuando caen perezosos y mullidos. Son guapos y sanos, y sus ojos muy negros y vivarachos, como revoltosos escarabajos de azabache. Cuando los osos nacemos no somos mucho más grandes que la zarpa de un oso adulto. Pasamos muchos días y muchas noches con los ojos cerrados y los oídos adormecidos; sólo nuestro

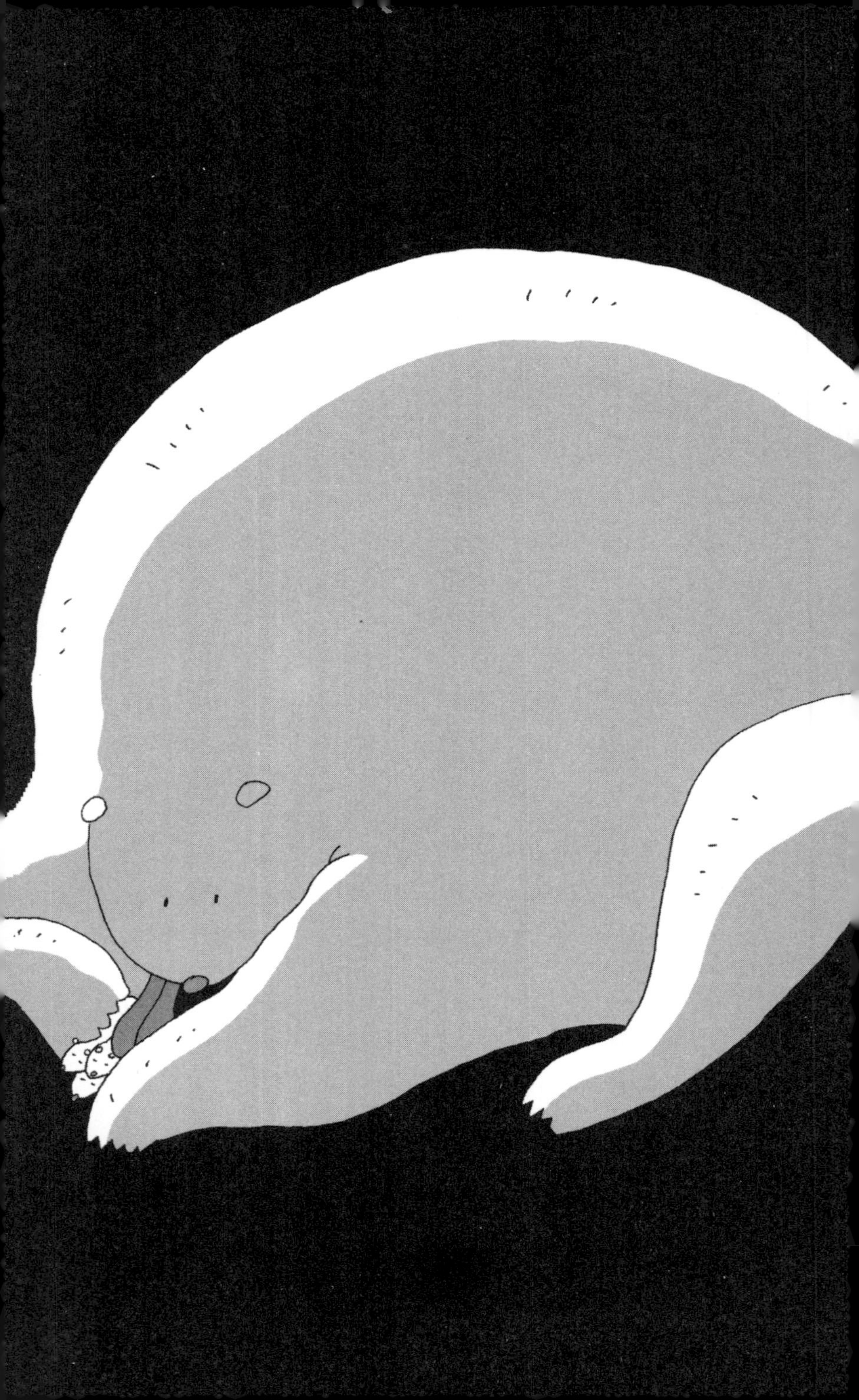

olfato nos conduce hasta el pecho de mamá y su leche-golosina. Pero mi hermana enseguida abrió los ojos, mucho antes que nosotros dos, mucho antes de lo que suelen hacerlo todos los bebés de oso. Abrió los ojos, sacudió las orejas e iba de un lado a otro como una peonza. Mi hermana es un torbellino; está deseando salir fuera y ver qué hay al otro lado del mojón de nieve que tapona la entrada de la cueva y nos protege del viento. Por eso, Mamá-Nanuk le llamó Manojo-De-Nervios, aunque a diario y por ahorrar palabras le decimos Turbo.

Rugido-Del-Cielo nació en segundo lugar. Nos contó mamá que en el mismo instante en que lo estaba pariendo, estalló una tormenta tan espantosa, que parecía que el cielo se había resquebrajado en miles de pedacitos. La noche se hizo día y las paredes de la osera temblequeaban como si estuviesen hechas de aire delgado. Por eso se llama así, Rugido-Del-Cielo, aunque cuando están jugando, mi hermana suele llamarle Chispa. Le va que ni pintado; en el fondo no es más que un petardo.

Cuando yo nací no hice ninguna cosa de mérito, ni sucedió nada extraordinario digno de ser recordado. Me llaman Peluso; así, sin más.

3

Estos días en la osera entra una luz tan intensa que daña los ojos. El viento se ha calmado un poco, como si estuviese fatigado de tanto resoplar. Sólo viene de vez en cuando, en ráfagas furiosas, para recordarnos que no es un pelagatos. Rugido-Del-Cielo y Turbo se pasan el día retozando. Están inquietos. Da la sensación de que la osera les viene pequeña y necesitan nacer a otra mucho más espaciosa. Dice mamá que la primavera ha llegado y ya va siendo hora de que abandonemos la guarida. ¡Buf! Nacer otra vez por el agujero de la osera. Me entran escalofríos sólo de pensarlo. Ella nos tranquiliza diciéndonos que estará con nosotros en todo momento. Parece que debemos emprender el viaje hacia el mar. Allí se reúnen todos los osos, las hembras con sus crías y los machos que buscan pareja. Las madres enseñan a sus cachorros a cazar y al mismo tiempo reponen fuerzas para pasar el largo invierno. Mamá-Nanuk se pone muy contenta cuando habla del mar.

—¿Cómo es el mar? —pregunto.

—Inmenso y lleno de exquisita comida —exclama ella relamiéndose.

Yo no sabía que las madres sentían hambre porque nunca la había visto comer. Pensaba que habían sido así desde siempre, grandes y madres. Pensaba que estaban aquí para alimentarnos y cuidar de nosotros. ¡Vaya!, que no necesitaban nada ni a nadie.

—Tú eres tonto de remate —me increpa Turbo—. Las mamás, antes de ser mamás, fueron cachorros, y yo, de mayor, seré madre de dos oseznos.

Entiendo. He cogido la indirecta. Le suelto un mamporro y ella me responde con una soberana coz que me tira de espaldas. ¡La muy bruta! Mamá-Nanuk como si nada. Ella a lo suyo. Permanece echada con la mirada perdida en la entrada de la osera, hilvanando pensamientos y suspiros.

—El mar es azul y más suave que la nieve —dice—. Puedes caminar en su interior hasta lo más profundo. El agua resbala por tu cuerpo acariciándote suavemente. Sientes una explosión de besos

diminutos que te cosquillean por toda la piel.

—¿Y tiene leche para madres? —le pregunto.

—¡Oh, no! —sonríe ella—. Tiene alimento de masticar con los dientes.

Nos explica que hace ocho meses que no prueba bocado y que sus reservas se están agotando. Casi ha perdido la mitad de su peso y necesita comer. ¡Por fin lo entiendo! Las madres sí que comen, pero todo de golpe. ¡Jo!, pues vaya historia...

—¿Y cuánto es ocho meses? —pregunta Turbo.

—Todo el invierno.

—¿Y cuánto vive el invierno?

—Vuestra edad, más otra vez vuestra edad, más otra vez vuestra edad.

¡Caray! Nuestra madre es muy antigua. Ocho meses debe de ser un montonazo de tiempo, tanto que no soy capaz de

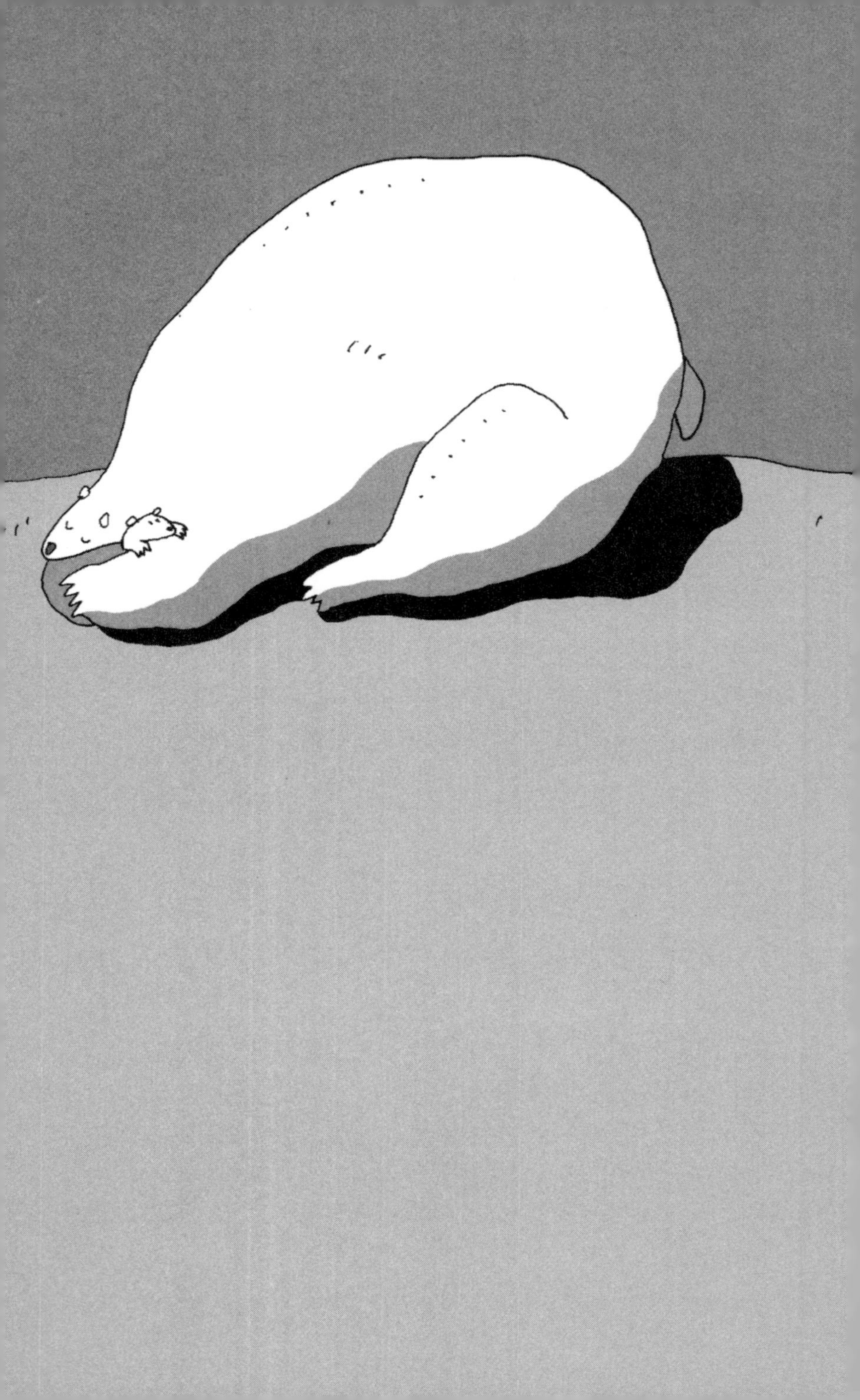

entenderlo. Digo yo que debe de haber un tiempo para los mayores y otro tiempo para los pequeños, como un hambre de osos y un hambre de oseznos, y que los dos tiempos diferentes se encuentran en ocasiones en el interior de la osera.

Me da miedo salir ahí afuera. Me gustaría quedar aquí para siempre, acurrucado en el regazo de Mamá-Nanuk.

4

La Osera-De-Afuera es muchísimo más grande que todas las madres del mundo juntas. Es tan enorme que no se le ven las paredes, ni nadie debe de saber dónde se encuentra la puerta. Me gustan los días de sol, cuando sale el Gran-Espíritu y templa el aire. Parece que todo sonríe: los árboles desnudos, las lomas de las colinas, el cielo tan azul. Yo también me pongo contento aunque no tenga demasiados motivos para ello.

El Gran-Espíritu está muy alto, colgado del techo. Como los dos somos terceros tiene el pelaje amarillento como el mío, aunque mucho más brillante, claro está. No sé si él tendrá los pelos ralos y de punta como yo, porque desde aquí no se distingue nada bien. Supongo que no, porque él está calentito y yo ando constipado continuamente. Debe de tener poderes mágicos, pues hace que la nieve tiesa se convierta en agua. ¡Y sin tocarla, eh! Todo con sus hechizos. Cuando mis hermanos se ponen chinchosos, les digo: «¡Os vais a enterar! El Gran-Espíritu va a mandar un rayo que os va a partir la boca». Ellos no me hacen caso porque no me creen. Yo tampoco estoy muy seguro de que él tan siquiera sepa que yo existo.

Por la noche se va y cierra el tejado del cielo. Todo se vuelve gris, y después negro. Mamá-Nanuk cava un agujero en

la nieve y allí nos guarecemos los cuatro, muy juntitos y abrazados. Es entonces cuando ella aparece, allá arriba, redonda y pálida. Es la Osa-Madre que también se llama Luna. Mamá-Luna tiene miles y miles de ositos desperdigados a su alrededor. Los veo perfectamente guiñar sus ojos brillantes. Parece que no tengan sueño. Se nota que se alimentan de la leche mágica de su madre porque nunca se cansan y andan jugueteando sin parar. ¡Jobar! ¡Qué guay sería estar allí!

5

Antes no me ocurría, pero desde que salimos de la osera siento un hambre canina, sobre todo después de una larga caminata. Mis hermanos acuden a mamar los primeros y a mí me toca esperar a que ellos terminen. Mamá-Nanuk abre sus brazos y voy corriendo a su lado. Entonces ella es sólo para mí. Chupo de una teta pero enseguida se termina. Ciego de hambre busco otra con el hocico; tiro de ella... Se acabó. ¡Jobar, qué poco!

Mis hermanos dormitan al sol, llenos a reventar. Un hilillo de leche desperdiciado resbala por el morro de Rugido-Del-Cielo. ¡Tragón! ¡Por mí, como si explota! Mis tripas protestan y gruñen como osos furiosos. Lo intento de nuevo, pruebo de una y otra teta con codicia, pero sólo engullo aire.

Pienso yo que las madres debieran tener un depósito extra para estos casos. Yo no tengo la culpa de ser un Tercero. Miro a mamá preguntándole con los ojos. ¿Podías hacer algo, no? ¡Yo que sé! Reservar un poquitito de leche para mí en alguna tripa o debajo de tu sobaco. Ella me mira fijamente, con los ojos rebosantes de tristeza y no dice nada. Parece que esconda un gran secreto que la lastima por dentro y que no pueda revelarme. Noto su mirada, dulce y sentida, como si tuviese un gran pedrusco sobre el pecho

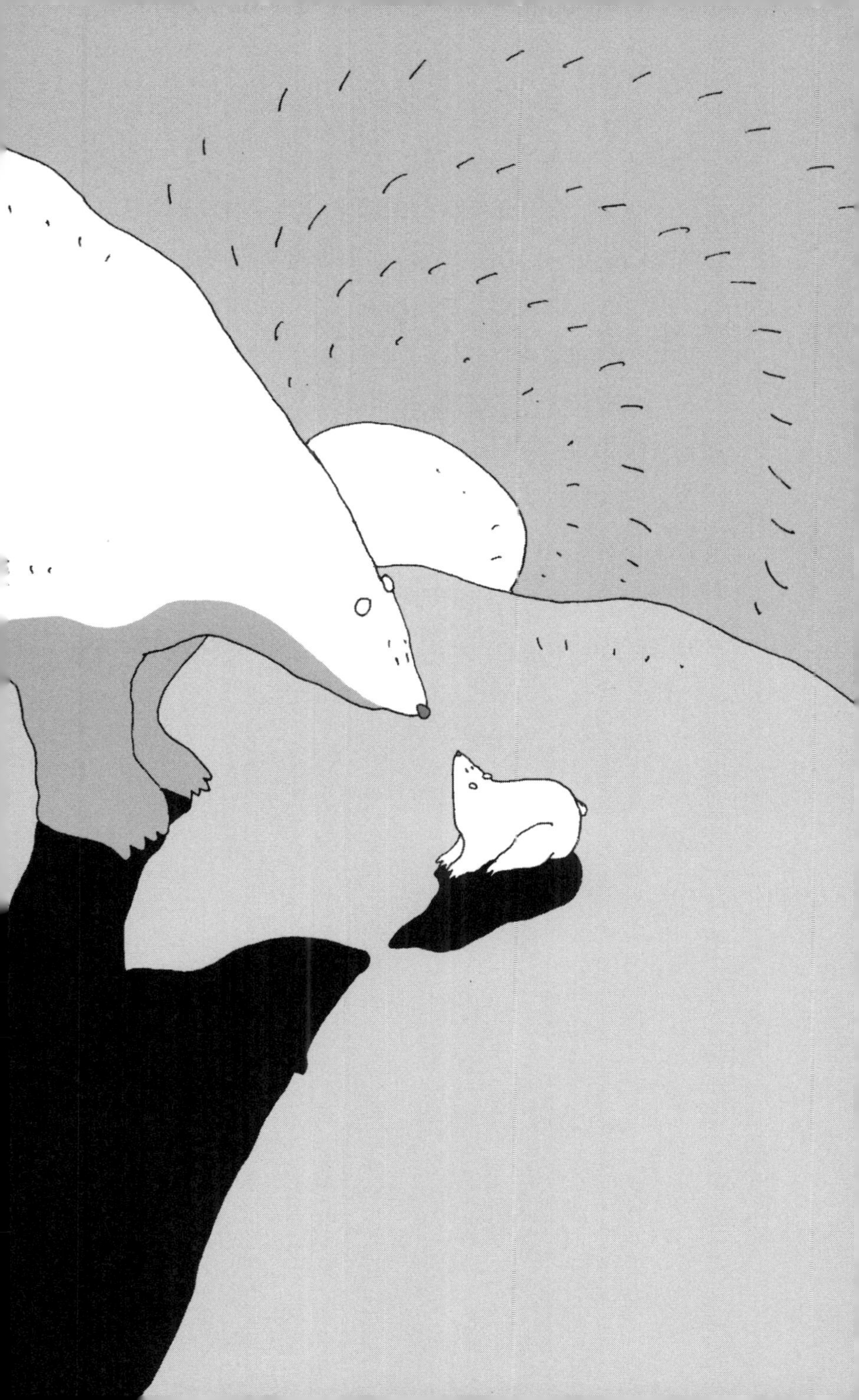

que le chafe las palabras. En momentos como éste siento a Mamá-Nanuk más cerca de mí, compartiendo la misma pena. En momentos así es cuando se encuentran los dos tiempos: el tiempo grande de ella y el mío; mi tiempo pequeño.

Me acurruco contra su pecho y me dejo abrazar por el cálido sueño amigo. Mi rabia se va calmando, despacito, con pasos silenciosos. Ahora ella es sólo para mí.

6

Como ya sé lo que es pasar hambre y que las madres también necesitan comer, pienso que Mamá-Nanuk se muere de ganas de llegar a la despensa del mar. Pero ella no nos mete prisa. Si estamos cansados, nos detenemos; si por la mañana nos quedamos dormidos, espera a que despertemos. Hasta parece que le gusta jugar con nosotros como una cría más. Cuando nos encontramos con una colina con poca

pendiente jugamos al Oso-Resbaloso. Ella también participa. ¡Fiuuuuuuu! ¡Qué pasada! Nos lanzamos desde la cumbre utilizando las patas como esquís. Yo en una ocasión gané la carrera, aunque perdí el equilibrio y fui rodando cuesta abajo. Eso sí, llegué el primero.

—¡Así no vale! —gritó Chispa—. Te caíste y mamá tuvo que ir a rescatarte de la bola de nieve.

¡Pues cáete tú! ¿No te digo? Como si fuese tan fácil patinar sin frenos...

Mis hermanos son tan bichos que hasta se me pasan las ganas de intentarlo de nuevo. La mayoría de las veces, mamá se queda conmigo mientras ellos se divierten. Supongo que ella tampoco está para muchas fiestas.

Lo que más les gusta es jugar a Turrón-Coscorrón. Turbo hace de oso macho y anda a tortazos con mi hermano. Se pegan

con ganas y a veces hasta se hacen daño, pero enseguida se les pasa y al poco tiempo ya se están atizando de nuevo, amenazándose y poniéndose a caer de un burro: «¡Mamarracho!» «¡Chiquilicuatre!» «¡Te arrancaré los dientes para que aprendas!». ¡Bah! Cosas por el estilo. Mamá-Nanuk no interviene; ella sólo se enfada cuando nos alejamos mucho y no sabe dónde estamos.

Cuando toca jugar al Robo-Rabo sí que cuentan conmigo, porque no es un juego de fuerza y, además, entre dos, no tiene gracia. El juego consiste en que uno intenta atrapar el rabo de los otros con la boca. Si lo consigue, el que ha sido mordido pierde y queda. Y otra vez a empezar.

—¿Por qué no jugamos a que éramos dos machos e intentábamos ligar a una chica? —le propongo a Rugido-Del-Cielo.

A esto le decimos jugar a Pamplinas. A Turbo no le parece mal porque está más

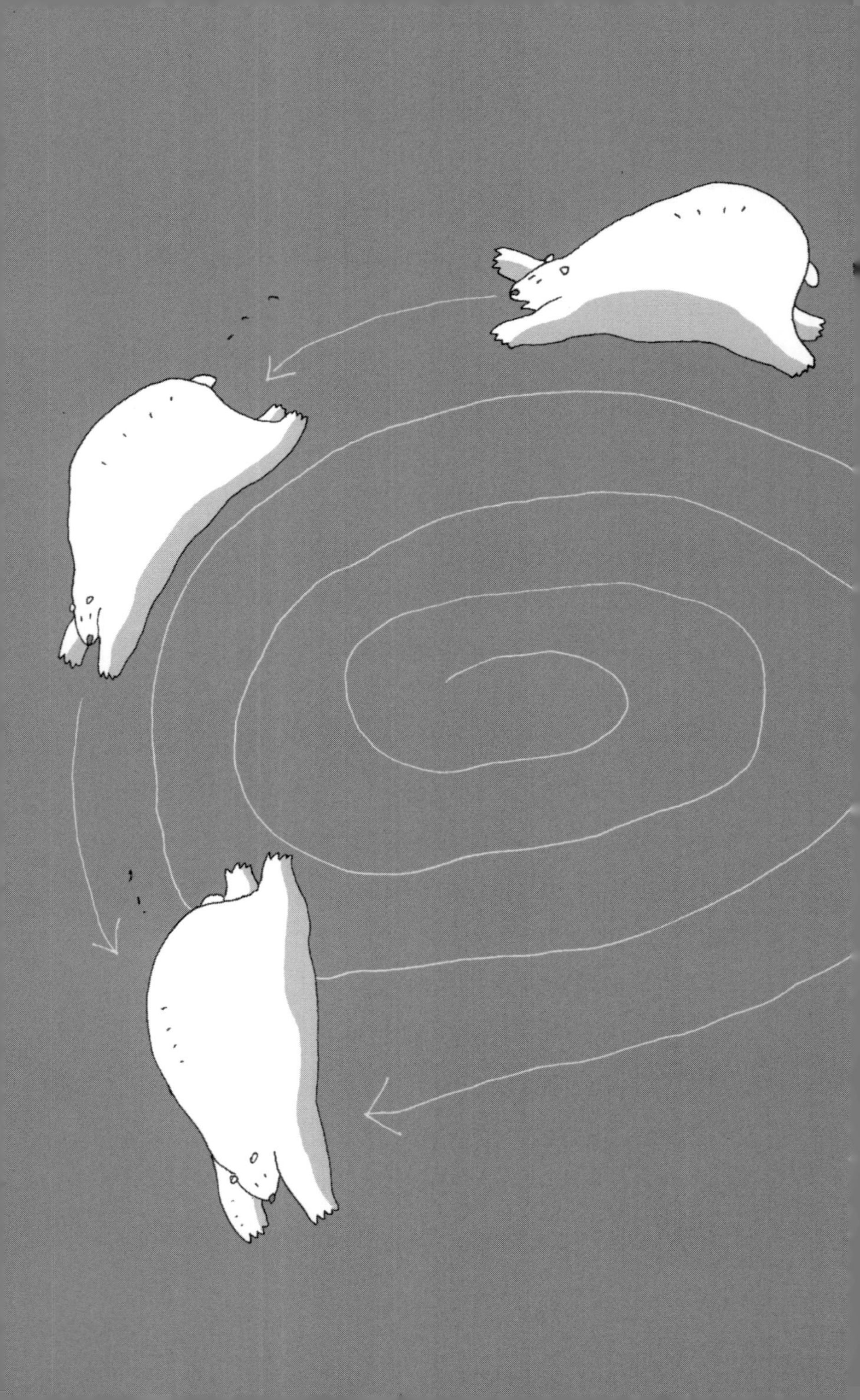

que harta de hacer un papel que no le corresponde. Rugido-Del-Cielo duda, frunce el ceño y dice:

—Eres un rival demasiado escuchimizado. Soplo y te caes. Así no mola...

¡Oh! ¡Cómo duelen algunas palabras! Hieren como si las dijesen ardiendo. Lastiman tanto como cuando me quedo enredado en una mata espinosa, y cuanto más forcejeo, más me enredo. Claro que con una pequeña diferencia: en esta ocasión mamá no viene a socorrerme.

De seguir así y si consigo llegar al mar, voy a ser un oso soltero, sin ninguna experiencia en los combates por las hembras. Aunque siempre cabe la posibilidad de que me encuentre con otro Tercero, más enclenque y más borrico que yo, y que haya una chica sin compromiso por la que pelearse. Seguro que las más guapas se van con los más fortachones, y pienso que no vale la pena liarme a tortazos por una osa fea y tontorrona. A mí me gustaría encontrar una novia como Mamá-Nanuk, si no, no vale la pena.

—Y tu novio, ¿cómo era? —le pregunto a mamá.

Ella sonríe con los ojos y habla despacito, como si fuese sacando las palabras de un escondite muy profundo.

—Era muy tierno y valeroso y fuerte a la vez. Ningún macho se atrevía a retarle; les podía a todos.

¡Caray! Pues sí que me lo ponen difícil. Seré soltero. Estoy decidido.

7

Y a propósito de novios y novias; hay algo que me preocupa y no me deja dormir bien. Es que, cuando lleguemos al mar, mamá se encuentre con su antiguo novio o con algún otro y nos abandone por ahí.

—¿Tú lo harías?

—¿Hacer qué...? —me pregunta ella, que a veces no escucha mis palabras delgadas, ésas que se dicen con el pensamiento.

—Irte con un novio para empreñarte de otras crías y dejarnos. Te aseguro que voy a ser soltero y necesitaré una madre para siempre.

Ella suelta una sonora carcajada, como si el asunto fuese para tomárselo a broma, vamos. Cuando da por terminada la diversión me dice:

—No, hombre, no; no por ahora. No hasta que seáis mayores y aprendáis todo lo que necesitéis saber. Pero cuando esto ocurra seréis vosotros los que me dejaréis a mí y os iréis a hacer vuestra vida.

¡Uf! ¡Respiro aliviado! Pero yo no pienso dejarla nunca. Espero que no tenga que retar a su nueva pareja en combate. ¡Esa sí que sería buena!

Mamá se quedó amodorrada al sol. Mis hermanos jugaban, un poco alejados. Entonces se me pasó una fechoría por la cabeza. Pasó y se quedó conmigo. Yo no

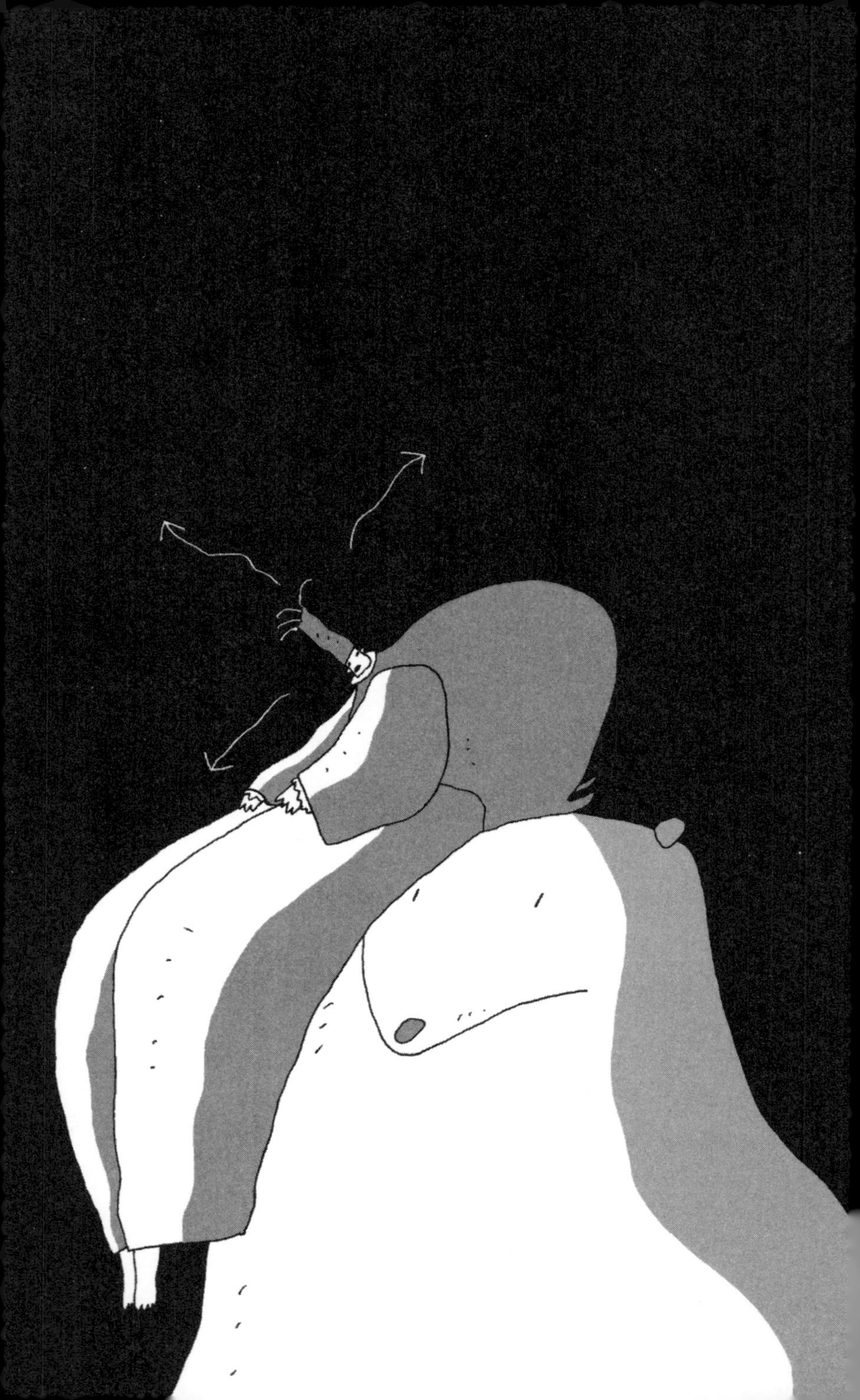

quería, pero por más que lo intentaba no había forma de espantarla. La fechoría me había atrapado, convirtiéndome en su esclavo. Entonces me ordenó, ella, la *Fechoría*:

—Ve hacia aquel montón de estiércol y unta tu mano en él.

—¿Quéééééé...? —protesté escandalizado.

—¡Obedece y haz lo que te digo! —gritó hecha una furia.

—Está bien; lo que tú digas...

Hice lo que me mandó, volviendo la cabeza para no oler aquella asquerosidad. Después me dijo que pasara la mano sucia por el pecho de Mamá-Nanuk y que permaneciera quieto, haciéndome el dormido.

Me quedé a la espera de mis hermanos hambrientos. Les va a dar un asco que se van a enterar. No les van a quedar ganas de volver a comer y entonces mamá y su leche rica serán sólo para mí.

Los dos chulitos no aparecían. Yo ya me estaba hartando de tanto esperar y además tenía un calambre en una pata y me dolía. Pero la *Fechoría* no permitió que me moviese. «¡Grrrrrr!», gruñó. Me achanté y permanecí echado. Pues sí que tardan, ¿es que acaso hoy no tienen hambre?

A veces aprovechaba que se encontraban lejos y corría a mamar el primero, pero enseguida me pillaban, venían como flechas y me echaban a empujones. «¡Pelón!» «¡Mocoverde!» «¡Ya te estás largando!» Supongo que la *Fechoría* también les obliga a decir estas cosas tan, tan trastornadas y que en el fondo no tienen mala intención. A veces mordisqueo los brotes tiernos de los árboles, pero me dijo Turbo, no sé si será una trola, que si sigo

así me van a nacer hojas en lugar de pelo...

¡Ahí llegan! ¡Ahora es la mía!

Turbo y Rugido-Del-Cielo ocuparon sus lugares en el pecho de mamá. Podía escuchar su «chuik-chuik» glotón; podía ver como se apartaban, aunque sólo para respirar. «¡Chuik-chuik!» No se dieron cuenta de nada. ¡Hale, todo para adentro! ¡Pero qué marranos son!

8

Rugido-Del-Cielo y Turbo están muy crecidos y fuertes, tanto, que ya son capaces de subir a lomos de Mamá-Nanuk. A esto le decimos Subir a la Torre. Bien es cierto que lo hacen cuando mamá está echada, si no, no podrían, pero así y todo es muy difícil trepar por mamá y alcanzar la cumbre, porque ella es grandota como una roca y hay que escalar casi en vertical. Además, hay que hacerlo con mucho cuidado, sin arañarla.

Cuando mis hermanos montan a caballito de mamá, y si ella está de buenas, se lanzan cuesta abajo hasta que uno de mis hermanos pierde el equilibrio y se cae. Gana el que aguante más tiempo montado. ¡Debe de ser más divertido! Los tres se lo pasan pipa; se ríen aunque pierdan. ¡No sé lo que daría por poder jugar a Oso-Resbaloso a caballo.

Y, un día en que Rugido-Del-Cielo estaba subido a mamá, empezó a dar voces:

—¡Hey! ¡Mirad allí...!

Vimos a lo lejos una osa que se acercaba con dos cachorros. Cuando estuvo lo bastante cerca de nosotros, Mamá-Nanuk le enseñó los dientes, gruñó y no permitió que avanzara más. No sé por qué se comportó así, tal vez se conocían con anterioridad y habían tenido algún tropiezo. O también es posible que las hembras jue-

guen a retarse con gruñidos. Así estuvimos un buen rato, expectantes, observándonos detenidamente, hasta que a Rugido-Del-Cielo le dio un arrebato y echó a correr hacia ellos, seguido muy de cerca por mi hermana. Uno de los cachorros de Mamá-Otra salió a su encuentro y enseguida se pusieron a retozar. Jugaban a Pamplinas, mientras Turbo permanecía muy quieta, torciendo el morro con desdén, como si a ella todas aquellas formalidades le importasen un bledo. Seguro que se trata de un macho, pensé. La otra cría se había quedado con su madre, como yo. A las dos osas no parecía importarles que sus cachorros se tratasen. Permanecían echadas, indolentes, observando desde la distancia el ir y venir de sus hijos.

¿Sería un macho o una hembra? ¿Y por qué no iba a jugar con los otros? Tercero no era, eso parecía claro.

9

A la mañana siguiente Mamá-Otra y sus crías aún estaban allí, un poco alejadas, manteniendo las distancias. Mis hermanos no dejaban de hablar de su nuevo amigo, Morro-Manchado. Tiene un nombre bastante gracioso. Dicen que se llama así porque tiene la punta del hocico salpicada de pecas blancas.

—Esta vez pienso ganarle; voy a hacerle papilla —fantaseaba Rugido-Del-Cielo.

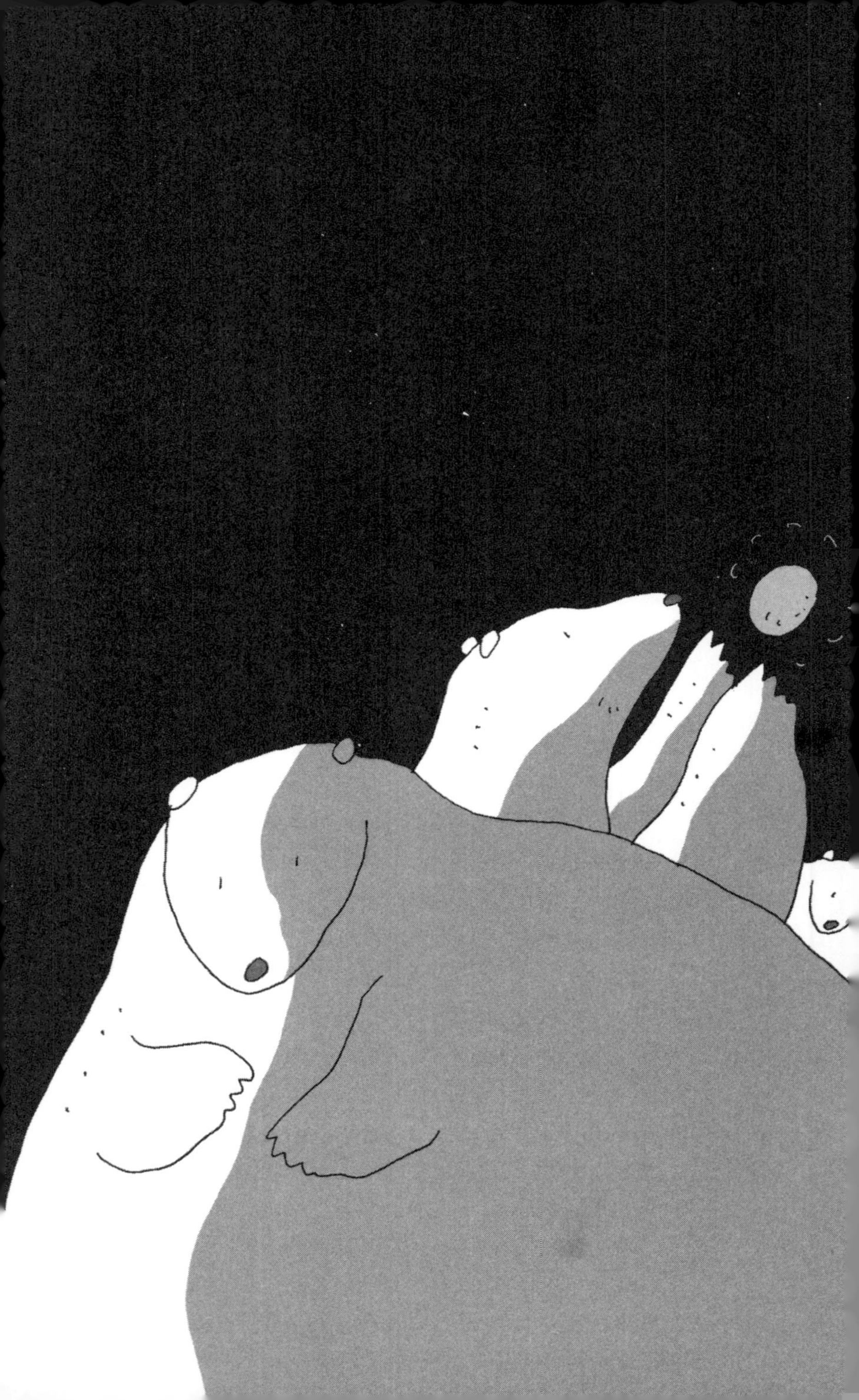

—Ni lo sueñes; es más fuerte que tú —le espetó Turbo.

—¡Porque tú lo digas! Lo que pasa es que es un tramposo; me lanzó nieve a los ojos, pero ¿has visto como su hermana no dejaba de mirarme?

¡Vaya! Así que era una chica...

Después del desayuno se fueron a jugar con el vecino. Ella no; se volvió a quedar junto a su madre. Me gustaría hablar con ella. Bueno, no; no sé. Me muero de vergüenza sólo de pensar que me diga, yo me llamo tal, ¿y tú? Los osos llevamos en nuestro nombre lo que somos, lo que seremos, lo que se espera de nosotros. Y el mío no deja lugar a dudas, Peluso. Si me la encontrara le diría que me llamo Lobo-De-Mar, Quebrantahuesos o Viento-Furibundo. Algo por el estilo; un nombre terrible, que impresione de primeras. ¡Oh, no! Seguro que mis hermanos ya se lo han chivado...

—¿Y él por qué no juega? —preguntaría Morro-Manchado.

—Porque es un pelón.

—¡Ah!, ¡ya!

Luego le faltaría tiempo para ir a contárselo a su hermana. Me apuesto algo. A saber lo que estará pensando de mí...

Intenté trepar al lomo de Mamá-Nanuk para poder verla mejor. Lo hice por el otro costado para que ella no me viera. No tenía ni la menor intención de poner al descubierto mis desdichas. Aunque me agarraba como una lapa a su pelaje, carecía de la fuerza suficiente para sostenerme, cuánto más para impulsarme y trepar. ¡Uffffff! El esfuerzo resultaba agotador. Mamá no se movía y aguantaba, la pobre, los tirones de pelo que le propinaba... De repente, escuché:

—¡Hola! ¿Estás ahí?

Asomé el morro tras el trasero de mamá y me encontré con ella, cara a cara. ¡Glups!

¡Tierra, trágame! No me atreví a salir de mi escondite y mostrarme por entero.

—¿Qué estás haciendo? —preguntó.

—Nada. Estaba al acecho de una liebre; suelo salir de caza a estas horas...

—Entiendo. ¿Y por qué no juegas con los demás?

—Tú, tampoco... —dije evitando responder a su pregunta.

—Es que me torcí un tobillo. No puedo correr.

—¿Cómo te llamas?

—Cachito-De-Nube. ¿Y tú?

¡Menos mal que no se lo habían dicho! Pero a pesar de haber estado ensayando varios nombres imponentes, de repente se me había quedado la mente en blanco.

—No me lo digas —dijo ella con cierta sorna—; tu nombre es Pegatina.

—¡Muy graciosa! —exclamé poniendo cara de asco.

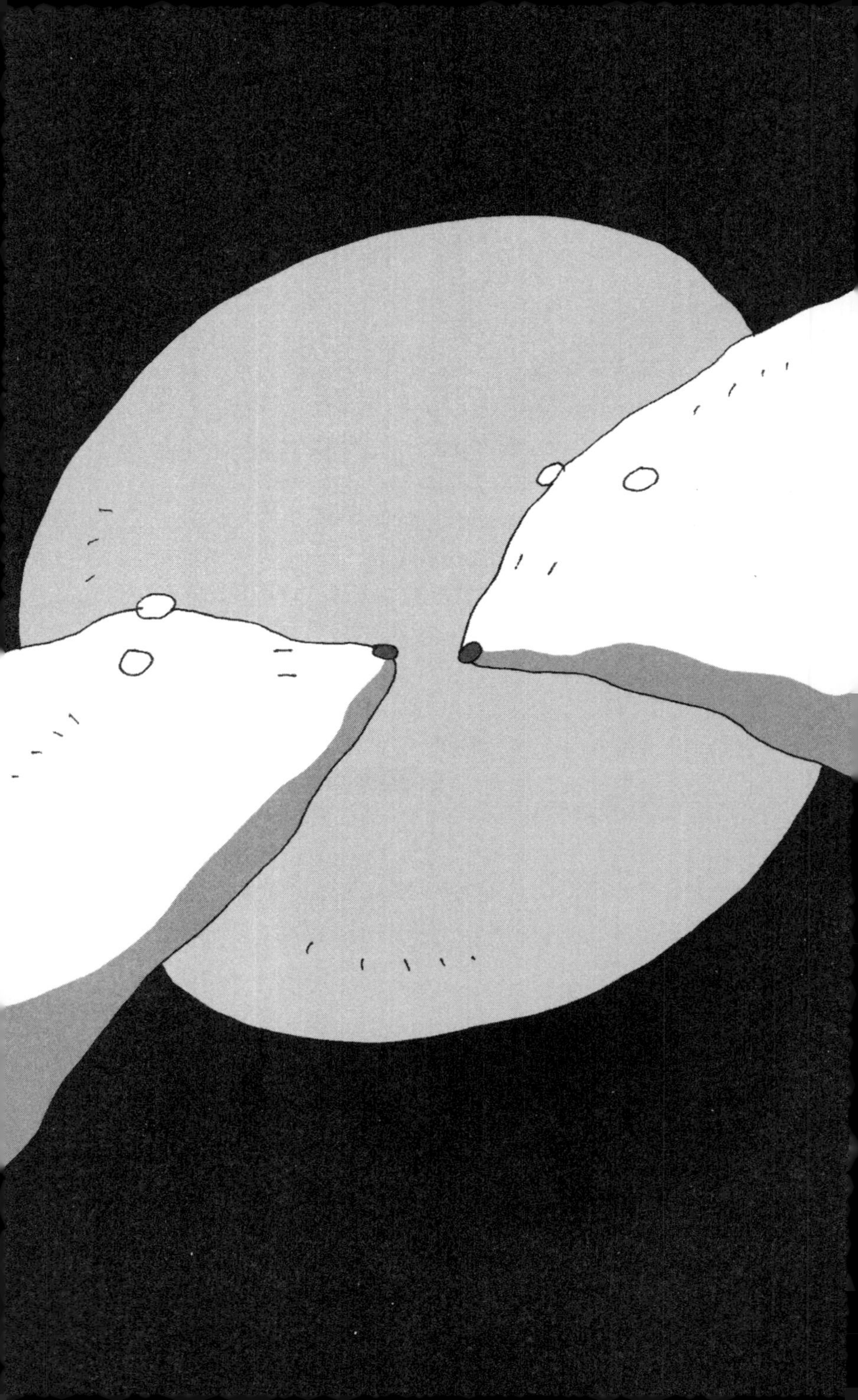

—Era una broma —dijo disculpándose—. Es que parece que te hayas quedado pegado a tu madre.

Caminé hacia ella muy serio y altivo, simulando estar ofendido. Era una osa muy bonita y radiante, tal que un cachito de nube, suavecita, toda de algodón. A uno le entraban ganas de acariciarla.

—¿Te apetece dar un paseo?

—¡Pche! Si tú quieres —respondí sin ganas.

—Si voy aprisa me duele; no puedo seguirte.

Aminoré el paso y esperé por ella. Caminamos despacito, uno al lado del otro, sin decirnos nada. Con su leve cojera me parecía más graciosa y especial. Me encontraba muy bien a su lado. Por primera vez alguien hacía que me sintiera alguien, que me sintiera un poco mayor.

10

He cambiado de opinión: ya no quiero ser soltero. Hoy he pasado la tarde charlando y paseando con Cachito-De-Nube. Ni se burló cundo le conté lo de mi nombre, el de verdad, ni pareció importarle que yo sea Tercero. Bueno, por lo menos mientras tenga la pata chunga, aunque se va recuperando muy rápido y no cojea casi nada. Nos quedamos junto a su madre, que ya no me pone cara de ogro.

Lo hizo ayer, pero sólo al principio. Me miró por el rabillo del ojo y regruñó entre dientes. Yo no tenía nada de miedo. Se notaba que era un enfado de mentira porque sus ojos eran dulces como los de Mamá-Nanuk. A pesar de todo permanecí un tanto alejado, no fuera a pensar que no la tomaba en serio y se enfadara de veras. Entonces, Cachito-De-Nube me dijo:

—Acércate, verás como no te hace nada.

Y me empujaba por detrás con el morro. Yo me hacía el remolón, oponiendo cierta resistencia, hasta que Mamá-Otra se tumbó en el suelo y permaneció echada, pasando de nosotros, ensimismada en sus pensamientos de madre.

Al atardecer Cachito-De-Nube sintió hambre y se puso a mamar. Mamá-Otra estaba tumbada sobre un costado, medio adormecida. Me quedé quieto, sentado sobre las patas traseras. Se me caían los ojos al contemplar aquella escena. Mis tripas empezaron a inquietarse. Los otros tres oseznos seguían correteando de un lado a otro. Aunque estaba habituado a esperar, yo me moría viendo aquel pecho tan a medio ocupar. Y sin saber de qué manera, como por arte de birlibirloque, de golpe me encontré agarrado al pezón de Mamá-Otra. Cachito-De-Nube me sonrió con los ojos como si le pareciese bien que compartiésemos la merienda. Apuraba tanto que me atragantaba y tenía que apartarme continuamente para toser. Morro-Manchado podía llegar de un momento a otro y armar una gorda. Pero no me pilló y cuando estuve harto de todo, me largué como un rayo a cobijarme entre los brazos de Mamá-Nanuk, para que me defendiese, llegado el caso.

Me estoy cayendo de sueño; un sueño feliz y dulzón de barriga contenta. Cachito-De-Nube es una buena amiga. Una novia así no estaría mal. Lo más seguro es que me case con ella.

11

¡Hale! ¡Vuelvo a ser soltero otra vez!

Cachito-De-Nube se fue con su madre y su hermano. Por la mañana no estaban. Los buscamos por todas partes y subimos a los montículos más altos por si los veíamos aparecer. No se veían por ninguna parte los puntitos negros de sus narices y de sus ojos. Todo era blanco; blanco sobre blanco, hasta donde la vista alcanzaba. Había nevado durante la noche y sus huellas se habían

borrado. Parece que todo ha sido un sueño y que las cosas siguen siendo igual que antes, negras como la noche... y sin invitaciones. Estoy hambriento y no consigo dormirme. No puedo apartar de mi cabeza la merienda con Cachito-De-Nube. ¡Glups! A lo mejor no les pareció bien lo que hice y por eso se fueron. A lo mejor. ¡Bah! Ahora de nada sirve lamentarse.

Todos duermen. Está noche está rasa y hace un frío que pela. ¡Qué a gustito se está en el regazo de Mamá-Nanuk! Me gusta escuchar los latidos de su corazón. «¡Tum-tum! ¡Tum-tum!» Es un rumor recio y suave a un tiempo; un rumor abrigoso, que hace que me sienta menos triste. El «tum-tum» y el calor de mamá llegan para todos nosotros y no se acaba, como su leche.

Esta noche se ve con toda claridad a Osa-Madre, blanquecina y redonda, rodea-

da de la manada de oseznos de ojos chispeantes. Decía Cachito-De-Nube que a ella le llamaban así porque se había caído de una nube. Puede ser; igual sí... ¿Y si resulta que yo también me caí de la osera del cielo y no pertenezco a esta familia? ¡Claro! Por eso no me esperaban. Cuando estalló aquella tormenta tan terrible, bien pudo suceder que se abriese una sima en el suelo del cielo, y yo, que debía de andar por allí despistado, me colé por ella y llegué hasta aquí. A lo mejor. Aunque me parece a mí que si sucediera de esta manera, Osa-Madre habría venido a buscarme. Las mamás no permiten que sus crías se alejen tanto. Pero claro, ¡como ella tiene tantísimas! Vete a saber si ni siquiera se dio cuenta de mi falta y debo ser yo el que vaya a su encuentro...

Viajaré durante la noche, porque durante el día ella se retira con sus oseznos a una cueva secreta que nadie sabe dónde se encuentra. Me iré cuando todos duerman, en silencio, para que nadie se entere. Todo estará muy oscuro y no voy a saber bien hacia dónde dirigirme. Caminaré sin rumbo hasta dar con el camino que me lleve hasta allá arriba.

Ando y ando durante mucho rato y de repente se levanta una ventisca que me lastima los oídos con sus silbidos. Estoy cansado y tengo frío, pero continúo y me digo, venga, un poquito más. ¡Vaya lata! Ahora se ha puesto a nevar. Los goterones de agua que se entremezclan con los copos me dejan calado hasta los huesos. Me cuesta mucho avanzar porque mis patas se entierran continuamente en la nieve. No se ve nada. Ni siquiera veo a Osa-Madre y a sus pequeños osos. Tengo muchísimo frío y empiezo a tiritar como un junco. Me hago un ovillo y cubro la

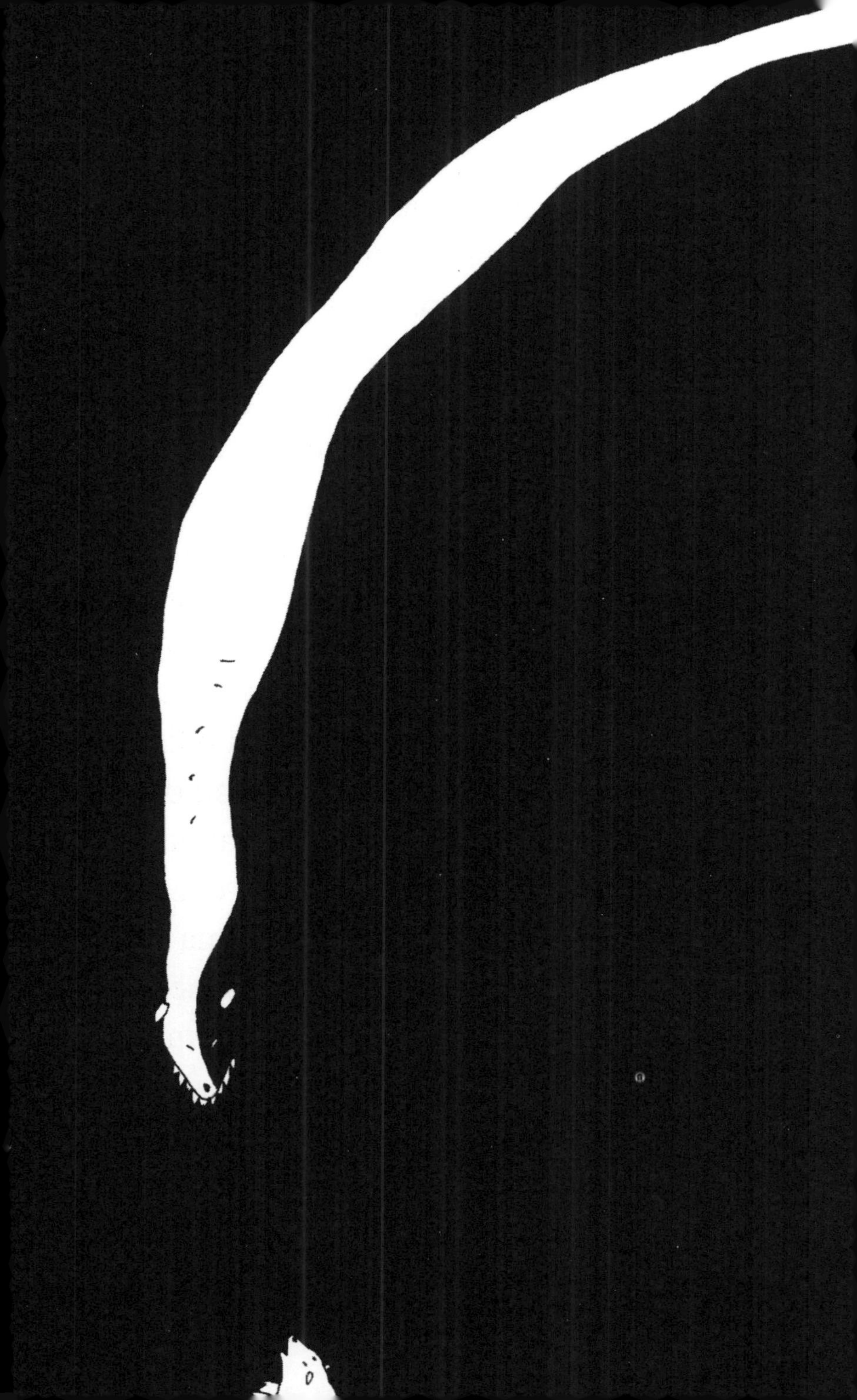

cabeza con mis patas, esperando que amaine el temporal. Parece que tengo piedras sobre los párpados y hacen que se me cierren los ojos.

Oigo un ruidito, que no es del aire. ¿O no...? Sí, lo oigo claramente y cada vez se acerca más a mí. Parece demasiado grande para tratarse de un zorro. ¡Rayos! Seguro que es el Oso-Malo que me quiere comer. Me quedo quieto, más que antes. Aguanto la respiración y aprieto los dientes, pero no sirve de nada; me ha pillado. La bestia ruge furiosa y va retirando la nieve que me cubre, con sus zarpas de uñas afiladas. Me muerde en el cuello y me zarandea en el aire como a una pluma. ¡Hale! ¡Se acabó todo! Después de vapulearme me tira al suelo como un fardo. Es entonces cuando me atrevo a mirar de reojo y... ¡Ay! ¡Qué alivio! ¡Es Mamá-Nanuk que ha venido a buscarme! Está muy enfadada y me lleva a empujones, zurrándome en el trasero con su hocico, hasta el escondite donde se guarecen mis hermanos. Pero no me duele ni un poquito así. Ahora sé que Mamá-Nanuk también me quiere.

Escucho el «tum-tum» del corazón de mamá como una música cálida. Me acurruco contra su pecho y le digo:

—No tengas pena, cuando lleguemos al mar vas a ponerte muy gordita y tendrás leche para todos nosotros.

Osa-Madre se esconde tras una cortina de nubes. No quiere que la mire. Parece que me está diciendo: ¡ni se te ocurra venir junto a mí!, ¡ya tengo bastante con toda esta tropa! Osa-Madre quiere que me quede con esta mamá.

12

¡Uf! ¡Ummmmmmmm!
¡Arfffff! ¡Gñgñgff!
¡Umf-á! ¡Umf-á! ¡Umf-á!
¡Fúuuuuuu!
¡Umf-á! ¡Umf-á!
¡Oi! ¡Grrrñecheññññiéeeee!
¡Epa!
¡Ummmm!
¡Umf-á!
¡Umf-á!

¡A...!
¡Umhhhhh-áaaaaaa!
¡Eeeei...!
¿Has visto, mami?
¡Lo he conseguido! ¡He subido a la torre!

13

Mamá-Nanuk lo ha dicho y nadie ha rechistado; a partir de ahora no voy a llamarme Peluso, si no El-Que-Ha-Alcanzado-La-Cima. Es un nombre bastante largo y lioso pero a mí me gusta. ¡Y me lo he ganado a pulso!

Rugido-Del-Cielo y Turbo parece que me miran de otra manera e incluso me llaman para que juegue con ellos. Pierdo la mayoría de las veces, pero ya estaba acostumbrado y no me importa demasiado. Me gustaría ver a Cachito-De-Nube y contárselo. «Oye, ahora me llamo así, tal y cual». Ella va a sentirse muy orgullosa. Vendrá hacia mí, caminando muy despacio como si danzara sobre la nieve, y me dará un lametón en la nariz. A mí me dará la risa y al principio me apartaré porque me hará cosquillas, pero volveré a acercarle el morro porque... ¡da un gustirrinín! ¡Va a ser muy bonito, ya lo creo!

Cuando lleguemos al mar casi seguro que me la encuentro con su familia, porque allí se reúnen todos los osos polares del mundo. Sí, sí, ya sé que son muchísimos pero yo soy capaz de reconocerla entre un millón. Dicen que el mar es muy grande y bueno, porque tiene comida para todos; comida de la otra, de la que se caza. Mamá ya sabe, pero nosotros tenemos que aprender. La comida del

mar se llama foca y pez. Y se mueven tan rápido como los rayos. No sé, a mí me parece muy complicado ir detrás de una comida que sale huyendo. Digo yo que será como jugar al Robo-Rabo, aunque mucho más difícil. ¡Jobar! No sé si sabré. Por mí, me alimentaría de leche toda la vida.

—¡Hey! —les grito a mis hermanos—. ¡Mirad quién viene! ¡Es Morro-Manchado!

Abandonan el pecho de mamá y salen zumbando, sin saber siquiera adónde se dirigen. Entonces aprovecho para ponerme a mamar. Vuelven al cabo de un rato, caminando despacio, decepcionados. Yo ya me había puesto morado.

Se quedan un rato sentados mirando al horizonte, con tristeza. Ni parece importarles que les hubiese birlado la comida.

—¿Estás seguro de que eran ellos? —pregunta Turbo.

—Me lo parecieron...

—Puede que fueran zorros —añade Rugido-Del-Cielo sin volverse.

Ni me insultan, ni me atizan. ¡Oh! Hacen que me sienta como una pelusa inmunda. No me atrevo a mirarles a los ojos. Creo que no voy a volver a mentirles. A mamá cada vez le queda menos leche, así que se lo pediré por las buenas, que compartamos lo que hay. Y si no aceptan..., pues... ¡Bah! Entonces ya veré qué hago.

14

Mamá-Nanuk está muy nerviosa. Yo nunca la había visto así antes, tan llena de inquietud. Se alza sobre las patas traseras, estira el cuello y olisquea en todas direcciones. «¡Ufm-ufm!»

Hoy hemos caminado durante mucho rato y todos estamos cansados. El sol se está poniendo y empieza a hacer frío. Buscamos el regazo de mamá pero ella no está por la labor; se levanta continuamente

y va de un lado a otro, sin sosiego, como si le faltase el aire y anduviese en su búsqueda.

—¡Subid todos! —nos ordena.

Rugido-Del-Cielo protesta y le dice que no quiere jugar, que quiere dormir. Mamá se tumba y con la cabeza nos indica que hagamos lo que dice. Nos montamos sin decir ni mu. Está demasiado seria como para llevarle la contraria, y ¡cuando ella se enfada...!

Allá nos vamos. Nosotros tres montados a caballito. Camina con seguridad como si supiese lo que hace y hacia dónde se dirige. A veces se detiene, olisqueando a su alrededor. «¡Ufm-ufm!»

Oímos un murmullo incierto, como de mucha agua golpeándose, cuando de repente, Turbo, que va a la cabeza, grita:

—¡Hay nieve azul! ¡Hay muchísima nieve azul!

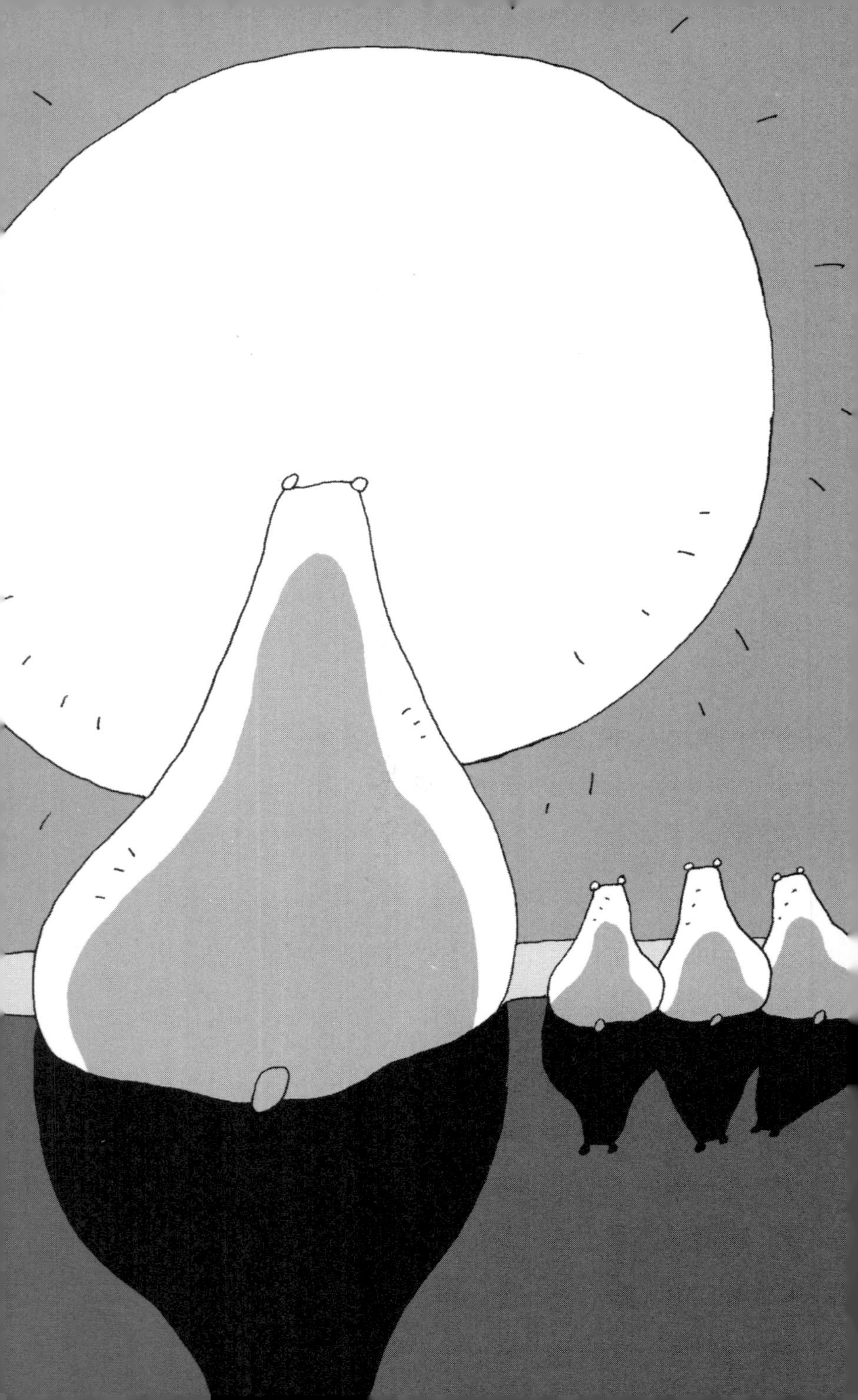

Mamá-Nanuk se queda parada, respira hondo y exclama complacida:

—¡El mar!

¡Uy-uy-uy! El mar...

—¡Sorpresaaa! ¡Ya estamos aquííííí!

Índice